# Infinita Nocte

Natalie Ann Martinez Valles

© 2022 Natalie Ann Martínez Valles

Natalie Ann Martínez
Sello personal

Publicaciones Librélulas
ann.martinez@live.com

Edición y Corrección por Abel D' Andrea
Modelo de portada Amanda Camacho
Tercera Edición

ISBN: 9798849659176

Está prohibida la reproducción, la traducción la apropiación en alguna de sus formas o por algún medio, ya sea de forma electrónica, mecánica, por fotocopia, grabación o cualquier sistema de almacenamiento sin la previa autorización del autor.

Para los que se entregan a la noche
les dedicamos estas memorias.
Que las historias de los
que ya no conocen el día y que
vagan eternos en la oscuridad
los guíe.

*El juramento de la Nocte*

~~Juro solemne y eternamente~~
~~a la luz de esta oscuridad~~
~~que ningún mortal sabrá del don~~
~~que nos une y que solo seremos~~
~~fieles a la hermandad de la inmortal nocte.~~

"Ya no seguiremos atados y sumisos fuera de la vista, ya no le daremos al juramento poder alguno."

# Prólogo

En las noches más silenciosas cuando los mortales vagan libres en sus inconscientes, nosotros los condenados a la noche vagamos libres en las calles. Mendigamos la sangre, nuestro pan de cada noche y ensayamos nuestro repertorio de conductas humanas con aquellos que nos topamos, con la intención de imitarles, de atraerles, de engatusarlos y atraparlos en nuestras garras. Nunca admitiremos que actuamos como ellos para recordar que alguna vez fuimos humanos, para intentar ser de nuevo mientras nos consumimos en nuestras vidas sin sentido.

Somos caminos intrincados, perdidos en los confines del tiempo que aún perdura en nuestras pieles. Nuestras vidas están arraigadas a la eterna búsqueda del romántico caballero que se ve obligado a ser y no ser por su amor; el hombre atrapado en el monstruo de la venganza, forzado a seguir siendo ira; la rebelde adelantada a su época que carga la ambivalencia de su libertad; la víctima que persiste en el hombre triste tratando de sobrellevar su existencia; y el ser que negará siempre su humanidad, que se vestirá de coquetería extrema.

Todos ellos te mostrarán los dos lados de su moneda. La cara verdadera de la inmortalidad y la cruz de su sufrimiento.

Arriesgándonos abiertamente a ser perseguidos te invitamos a leer *Infinita Nocte*, un espacio entre los mundos puesto en escena sin el escenario, desnudándonos en la poesía, el acto más rebelde que podemos entregarte.

*Zerel*

Zerel

No importa quién soy ni quién seré en la noche prisionera que me acoge. Mi historia no vale contarla después de ella puesto que ella fue mi fuerza y mi razón para sobrevivir. Sin ella simplemente soy un vagabundo sin propósito que anhela volver al ayer. El mundo a mi alrededor ha cambiado cientos de veces y ante mi luto eterno jamás me he detenido a admirarlo, no con la claridad y la contemplación de quien ama la vida. El tiempo detenido en mi cuerpo ha desdibujado la realidad de mis años y solo en mi reflejo me consuelo, pues allí mirándome está el joven que la cargó en sus últimos momentos. Y ahora ante el papel y la pluma repaso mi pasado y la devuelvo a la vida.

En mis años de juventud conocí el hambre y el miedo. Solo había guerra y enfermedad. Mi madre murió de fiebre y nunca supe qué fue de mi padre, el soldado. Unos dijeron que desertó y se ocultó en las montañas, otros dijeron que murió en la primera batalla.

Así fue cómo me quedé solo con ella, mi pequeña hermana Agatha. Cuando mi madre murió nos quedamos en la calle. Los soldados invadieron nuestra casa y nos echaron. No supimos a dónde ir, mendigamos. Pronto Agatha comenzó a enfermar. Tosía mucho y la fiebre no le bajaba. Mientras su condición empeoraba yo la dejaba en el único lugar caliente donde pudimos refugiarnos, un callejón detrás de un restaurante. Las paredes se mantenían calientes por las calderas al otro lado.

Durante las horas más abarrotadas de gente en el mercado, yo me mezclaba entre ellos y robaba para que pudiéramos comer. Un día que volvía del mercado con los botines de esa tarde, vi un hombre agachado frente a ella. No vacilé. Tomé un pedazo de madera y me dispuse a golpearlo. El hombre esquivó sin siquiera verme. Apareció a mi lado y antes de poder defenderme partió la madera en dos.

Me asusté. Levanté a Agatha en mis hombros y salí corriendo. Pasamos por entre la gente del mercado dando golpes y tropezones. Entramos en un callejón y el hombre estaba allí. Antes de volver a huir él dijo mi nombre. Desistí de correr y lo miré. Agatha se soltó de entre mis brazos, se acercó al hombre y le acarició su rostro. Luego me dijo con esa dulce voz que tenía: "Él no nos hará daño." Me extrañé de su comportamiento, pero noté que ya no tosía y estaba menos pálida. No pude evitar preguntarme cómo podía ser posible. Entonces él respondió: "Le di de mí." Me aterré ante lo que dijo. "¿Cómo había sabido exactamente lo que pensaba?" Agatha abrió los brazos y él la alzó en sus hombros. Me pidió que le siguiera. Dudé, pero no podía dejar sola a mi hermana.

Después de ese día, supe de muchos más sufrimientos, revelaciones, sangre… Ese día marcó mi muerte y me arrebató lo único que amaba, lo que realmente siempre tuve, a Agatha.

# El Recuerdo

Desperté y era una sombra,
la noche me acogió con un frío abrazo,
me besó con un tormento eterno
y el día me vomitó
con su más terrible desprecio.

Soñar días entre tus brazos,
acariciando tu cabello oscuro y lacio,
se volvió mi anhelo desesperado,
el deseo más codiciado de este corazón
en tu ausencia mutilado.

Siempre velo, resguardando tu recuerdo.
Es mi cotidiano, mi pesar querido…insano,
que con mis brazos extendidos
me aleja de los tuyos,
en pleno estado alucinado.

Maldigo el día por su deshonra
otra noche
y acepto a la noche en su silente
osadía en mis días.
Jamás podré aceptar
que mueras en mi mente,
eres lo único vivo que palpita en
este muerto ente,
que es luz en esta sombría suerte.

## El recuerdo II

Repaso su rostro una y otra vez,
solo en su memoria me obligo a existir.
Me restriego en la melancolía,
la inhalo como la droga
que me eleva al recuerdo.
Mi vida es un sinsentido
que en su eterno pasadía
no encuentra otro consuelo
que aferrarse y no dejarla ir.

Siempre despertaré
con el clamor de la sed
rasgando mi garganta,
marchitándome desde adentro,
apretando en mis sentidos
la realidad de que no soy humano,
solo hay una cosa
que me mantiene sosegado,

esta condición que adultera mi centro
y es el tenerla en el pedestal
de mis sentimientos ahorcados
en el bosque de mis lamentos.

Ella será siempre mi
lumbrera en esta lúgubre locura.
Rociando en mis infinitas noches,
un halo de luz que penetra mi piel
y me hace más humano
a pesar de su ausencia.

En mi evocación colmado de nostalgia,
en páramos que no tienen un destino final,
me sumergiré siempre en su nombre.

Aguantaré mis ganas de beberme un alma
hasta que sangren mis propios ojos
y en mis pupilas se dibujen
el mal que me come.

Seguiré sufriendo,
seguiré negándome a ser lo que soy.

Jamás olvidaré al humano
que fui con ella.
No dejaré que el monstruo me posea.

# Batallas internas en tres estrofas

Mi aura radiante oculta al oscuro,
mi olor afrodisíaco atrae al deseo,
mis ojos hipnóticos besan otros ojos,
mi cuerpo deseable,
cual manos quieren acariciarlo…
Todo en mí es arma de seducción,
desnuda pasión que busca acercarte,
podría atraparte alma humana,
alma ajena,
jugando al baile de los ardientes amantes
y en el atrevido orgasmo de tu entrega
penetrarte mis colmillos
saciarme con tu sangre.

El monstruo que me habita

victimizará a sus presas
y esclavizará mi humanidad.
Tomará a la fuerza,
matará justificando que la sed apremia
y así envenenando poco a poco al humano
que aún en mí sobrevive,
jugará con su ambivalente inocencia,
me hará caminar sobre los cadáveres
que me reclamarán sus muertes
y en mis manos llenas del carmesí líquido
los gritos sangrarán en ecos mis oídos…
Así siempre, en el ciclo del culpable,
del sentido hombre,
que no soportará un poco más
las atrocidades del monstruo,
me suplicará que lo deje suicidarse.
No puedo ser el puente
que abandone mi humanidad,
pero esta maldición me doma
con sus tinieblas
y no se detendrá jamás.

                Vivo entre muertos…
           yo, muerto, vivo entre vivos.
      Personas palpitantes rozan mi piel,

ignoran al monstruo.
La brisa errante despeina mi pelo,
no me tiene miedo.
El tren me invita a pasear,
no juzga al perdido.
El olor a vida no me niega su esencia;
leche materna, sudor y crema;
noche y arena…
Vida me rodea
y aunque el monstruo me recuerde
que no pertenezco a ella,
sé que compongo su entorno.
El monstruo querrá destruir
también esta contemplación,
pero al final,
no podrá quitar las estrellas del firmamento
ni acallar los violines que se escapan
en algún balcón abierto.

Así sea riel eterno del tren de paso,
no te dejaré que desistas
alma hombre dentro de mí,
sin ti sería solo de las tinieblas
y yo lucharé por tu inocencia.

# Condenado

Rasgo mi piel en la ira de la noche,
gritándole a la oscuridad
que en mí intenta entrar.
Heridas supuran mis tinieblas infectadas,
la pudrición no se hace esperar,
se expande por debajo de la piel,
navega por mis venas,
cala mis huesos,
el infierno, en mí se adentra.

La fiebre sacude mi cordura,
la deshidratación ataca mi garganta:
"Agua, para el que de sed se muere,"
pero mi sed en agua no es soluble.
Mi piel renace limpia,
las heridas se evaporan.

Sigue gritando la oscuridad
palpitando fuerte

para ahora centrarse en mí
y mi alma se derrama,
no se sostiene en mi cuerpo.
Se revuelve mi animal interno.
El monstruo da a luz en mi cuerpo,
su retoño corrompe la inocencia,
me lanza al abismo oscuro,
juega a comerme y me consume.

Algo se detiene dentro de mí,
el palpitar ha muerto.

Me invita a beber,
mientras me tenga ebrio en la sangre,
sabe que me poseerá.
Así me levanto
y mi mirada se maravilla del polvo,
mis pies ligeros conocen la velocidad,
mi cuerpo no siente la gravedad,
escucho la lluvia
que a distancia comienza a tronar,
pero dentro de mí murió el hombre,

la sed me desgarra,
siempre me viste con desesperación

y la culpa arrulla mi insomnio.

La luz me niega su presencia,
la oscuridad toma su lugar dentro de mí.
Mi alma vaga confusa sin poder entrar,
el monstruo acapara todo el espacio
y el tiempo, el bendito tiempo,
huye de mi presencia
sin traerme descanso en forma de vejez.

Soy el cazador en la caza,
el trágico teatro del esculpido escenario
entre el héroe y el antagonista,
todos montados en la misma piel,
todos tratando de ser al mismo tiempo
en este cuerpo
abriéndole la puerta a la locura.

# No puedo hacer nada

Detrás del velo de la noche
se confina otra alma,
nace otro hijo de la oscuridad,
lo siento por dentro palpitar.
Me duele existir,
estar aquí y tan solo observar.

En la oscuridad gritan,
en la oscuridad claman sangre,
otra muerte acontecerá,
lo viviré en mis entrañas.
No podré hacer nada.

Otro se desvestirá de su alma,
beberá sin entender,
renacerá para las tinieblas

y será seducido a dejar el alba.
Escoger ya no será posible…
solo sangre, solo rojo,
desespero, sed, mucha sed.

No puedo detenerlos,
solo sentirlos caer y seguir cayendo.
No entiendo,
¿por qué debo revivir todo en ellos?
¿Con qué fin?
Si no puedo cambiar nada.

Conmigo o sin mí seguirán muriendo,
desnudándose para la oscuridad,
vendiendo su cuerpo,
el monstruo se alimentará de ellos.

Serán dueños del vacío
y sin un lapso de esperanza,
sin un alma que los guíe,
perderán la razón,
no lucharán por su humanidad,
monstruos con apariencia humana.

Y me pregunto ¿cómo debo pelear?

¿Cómo demonios lucharé
por nuestras almas?
No puedo seguir sintiéndolos perderse
y quedarme en mis sombras
mirando por la ventana.
Lamentando y pidiéndole
a la luz devolverles sus almas.

¿Qué debo hacer?, ¿Cómo debo pelear?
¿Por qué atas mis manos, Noche?
Sufro su des-humanidad
humanizándome en ellos
muriéndome en la lúgubre existencia.

*Alistar*

Yo no tengo una historia humana, nací el día que me convirtieron. Puedo contarles lo bien que se sintió cuando maté a mi primera víctima.

Un hombre adinerado ofreció una fiesta en una hacienda a las afueras de la ciudad, ya saben, de esas con mucha gente estirada, ciudadanos de supuesta alta sociedad con enaguas remendadas. Mi creador y yo nos colamos y muy pronto fuimos el centro de atracción de todo el lugar. Las damas estaban alucinadas por nosotros. Todo era nuevo para mí, apenas un neonato descubriendo el mundo. Los palpitares y los olores a perfumes baratos saturaban mi nariz. Mis ojos veían cosas que antes no hubiera podido percibir y la sangre, ¡Mmmm!... la bendita sangre me seducía, sentía como mi garganta la pedía a gritos.

Mi creador intentaba enseñarme el arte de la conquista, una estrategia para salir sigilosamente y alimentarnos sin captar la atención de los humanos. Me exasperaban sus indicaciones, la sed me aturdía, era difícil pensar en cualquier cosa o siquiera escuchar. Quería probar el sabor de la sangre, lo quería ya. Mi creador en cambio, muy caballeroso, logró que saliera su víctima con él a un lugar más íntimo. Yo intentaba seguirle la corriente, pero no podía resistirme y en verdad, me importaba muy poco que alguien me viera. Aun así, mis posibles víctimas me parecían tan sosas, frígidas vidas que en lugar de atraerme me causaban náuseas. Necesitaba a alguien que estuviera a mi altura un cuerpo fresco, juvenil y puro que me llevara al máximo éxtasis de su sangre.

Pronto me llegó una esencia totalmente embriagadora. Su olor era como miel derramada, un néctar que me sacudió entero. Mis colmillos la pedían, me mordí el labio y lamí la débil sangre que salió en un intento inútil de controlarme. Se trataba justo de la joven hija del dueño de la hacienda que acababa de bajar y entrar al salón escoltada por su madre. Absorto en el delicioso olor olvidé todo lo que mi creador había dicho.

Yo estaba del otro lado del salón. Entre nosotros la multitud cotilleaba. Todo parecía moverse en cámara lenta. Aparecí justo delante de ella. Recuerdo haber ignorado descaradamente la mirada penetrante de su madre. Debió notarse mi descontrolado deseo porque pude percibir el miedo en la mirada de la joven. Antes que se escapara la agarré con fuerza por su menuda cintura. La joven gritó aterrada, el fuerte sonido me sobresaltó y expuse mis colmillos. Todos a mi alrededor gritaron espantados. Logré atraparla de nuevo y la mantuve entre mis brazos. Sentí el tronar de sus costillas de tan fuerte que la apreté. Llevé mi boca a su cuello y la mordí. Los hombres forcejearon intentando apartarnos.

*Acaso no entienden que es solo mía*, pensé. Le desprendí la carne del cuello y la multitud estalló en alaridos. El pánico fue un deleite a mis oídos, una orquesta a mis sentidos.

Mi creador entró a toda prisa, pero ya era tarde para cambiar lo sucedido. Me miró asqueado. Vi la desilusión en su rostro y se fue dejándome solo para sufrir las consecuencias, pero salí a toda prisa.

¿Si me arrepiento preguntan?... La verdad es que no. Aquel éxtasis no lo he vuelto a sentir. Después de aquella noche me volví un prófugo de ambos mundos. El de los humanos y el de los eternos. Mi creador tuvo que responder por mis actos y su castigo es cazarme. Soy la creación de mi padre, una que ha lamentado. Han pasado los siglos y todavía me busca.

¡Padre, aquí estoy! Ven, estoy listo para enfrentarte.

# En mis brazos

¡Mmm!, qué delicioso olor a óxido,
se esparce como dulce néctar
por tu cuerpo.

Ven *Mademoiselle*, ven a mis brazos,
regálame el calor de tu piel.
Déjame atraparte,
despójate de tu vestido
que a mis ojos puedas deleitar
con tu desnudez.

Aparta tu cabello de tu cuello
y en medio del deleite del sexo
permíteme regalarte mi mortal beso.

Dancemos en el frenesí del miedo,
el de la lujuriosa muerte,
esa que te obsequio con tanto placer.

Muere, muere entre mis manos,
frágil pétalo de flor.
Haz que este dios inmortal
pase una noche más
ebrio de sangre.

## Mi juguete

Sacene, amada Sacene
sé mía, déjame tenerte.
Intercambiemos miradas seductoras,
entrelacemos palabras que a tu sexo palpen,
que te persuadan, que te atraigan
y traviesos, juguemos al escondite,
plasmemos en tu cuerpo
el despertar de los amantes.

Déjame tocarte
y seducirte con mis manos,
llegando a lugares de tu cuerpo
aún inexplorados.
¿Quieres jugar a algo más atrevido? ¿Sí?
Sígueme la corriente,
juguemos al amo y a la esclava.
Escucha bien mis órdenes
y todas acátalas.
Sé precisa y rápida

o un castigo deleitable tendré que darte.
¡O mejor!
Finge que soy tu amado
recién llegado de la guerra
y entrégate completa a mis brazos,
con todos esos anhelos aguantados
a punto de explotar por el tiempo alejados.

Déjate llevar y ríndete a mis deseos,
imaginación no falta a la hora de jugar,
menos en el vaivén de nuestros cuerpos
y cuando cansada
te enredes en mis sábanas,
cobraré mi recompensa.

Hundiré placenteramente mis colmillos
en tu suave seno
y ahogaré tu grito
con mis manos en tu boca.

¡Oh, mi bello festín de medianoche!
frágil muñeca desvestida del carmesí.

Me saciaste ¡Oh, mi Sacene!
ahora pálida y muerta entre mis brazos.

# Sangre

Se desnuda la sangre frente a mí,
me llama a tomar su cuerpo,
a entregarme en su fuego
y por siempre estar
acurrucado en su seno.

Me invita a embriagarme
como diablo que corrompe almas,
evaporar el frío de mis huesos
en su torrencial y deleitable beso.

# Retorcer

Me encanta como su cuerpo se retuerce,
danzando en el dolor de mis caricias,
mis colmillos parecen darle cosquillas
o solo sufrimiento del que muerde.

Se dobla entre mis brazos,
su grito he apagado,
el miedo en sus ojos me excita.
Sus lágrimas cayendo en torrenciales,
es lo más hermoso de esta vida.

Me disfruto su forma de moverse
cuando aprieto mi mordida;
arqueando la espalda,
apretando sus nudillos.
Abrigo el lamento en su cuerpo,
para mí es como si me dijera un cumplido.

Me vuelve loco su agónico grito,
perfora mis oídos como dulce
y orgásmico gemido.
Lamento que se nos agote el tiempo,
siento cómo la vida se le escapa.

Qué triste, ¡Quería seguir jugando!
Ahora tendré que buscar
a quién más retorcer lento
para repetir el momento.

## Te acuerdas

Era casi madrugada,
mi jugosa dama
yacía fría en mis brazos,
tu solo observabas
desde las penumbras.

Te crees invisible a mis sentidos,
pero el aire huele a ti.

Oh, mi querido padre,
mi creador, mi principio,
sabía que hasta a ti volvería.
Mira cómo el destino siempre
nos encuentra aun huyéndole.

Me pregunto si saldrás
o solo allí callado
me contemplarás.
¿Me ves como el hijo perdido,

el amado que sufriste
o el ingrato que osó humillarte?

¿Perdonarás mis pecados
al recibirme entre tus brazos
o simplemente me estacarás
justo en el corazón
por haberte lastimado?
No me quedaré para averiguarlo,
supongo que otra noche
habremos de ver juntos las estrellas
y tendremos otra guerra silenciosa
que pelear, quizás la última.

*Litio*

Sobreviví a la matanza de los míos. Yo era un adolescente entonces. Unos trateros de esclavos me secuestraron junto con otros quince, muchos de ellos rostros familiares; primos, amigos, mi hermano. Nos encadenaron al bajar de un barco y nos hicieron caminar por largos páramos, arrastrándonos como bestias de carga, todos muy hambrientos y débiles. Los días no existían. Nunca vi una mañana, o todo lo que respecta a la luz, solo largas noches sin descanso.

De repente uno de los retenes se descontroló y mordió en el cuello a uno de nosotros. Los otros hombres reaccionaron enseguida, dijeron algo en un idioma que no entendí y acto seguido estaban intentando matarnos a todos. Mi hermano logró zafarse de sus cadenas y de las mías. Corrimos sin mirar atrás. Encontramos en las cercanías un establo y nos escondimos detrás de una pila de paja. No pasó mucho cuando escuchamos que abrían las puertas del establo.

Mi hermano salió con un pico que tomó del suelo. No tuvo oportunidad alguna. Lo mataron y cuando los escuché acercarse, unos gritos desgarradores interrumpieron sus pasos. Alguien los estaba enfrentando. Hubo un momento de silencio y luego se asomó un hombre con armas filosas y ensangrentadas en ambas manos. Guardé silencio para que no me encontrara. Lucía aterrador. Pero en cuanto me halló dejó caer sus armas y me dijo que estaba a salvo. Era un cazador. Cuando salimos del establo, vi a mi hermano descuartizado y a los demás en peor estado. Esa noche juré vengarme. El cazador me enseñó su arte y la caza se convirtió en mi todo.

Por mucho tiempo maté a cuantas de esas cosas me encontré, hasta que la conocí.

Ella transformó mi odio en fe y mi fe se convirtió en amor. Hicimos una vida juntos y tuvimos una hija. Nunca les conté sobre la caza. Una noche, uno de ellos apareció loco de venganza. Hacía tiempo había matado a uno de su clan. Él y otros más me secuestraron a mí y mi familia. Me obligaron a ver cómo las torturaban y se alimentaban de ellas. Violaron a mi esposa mientras mi niña observaba horrorizada. Sus gritos opacaron mis súplicas. Cuando ya no pude seguir, me convirtieron. Me encerraron con la violenta sed de una bestia sedienta de sangre. Resistí por tres días, pero luego contra toda voluntad, las mordí y bebí hasta matarlas. Lloré amargamente, aún lo hago.

Cuando volvieron para matarme, ya había perdido las ganas de vivir, quería que todo terminara. Me liberaron y tiraron sus cuerpos frente a mí. En sus rostros sin vida quedó plasmado el terror. Las abracé por última vez despidiéndome del hombre que fui y me entregué a la bestia. Lo último que recuerdo es haberlos matado a todos.

No pararé de matarlos hasta que paguen por la muerte de mi familia. Se arrepentirán de haberme convertido.

# Flujos

Flujos desbocados
en un éxtasis de ira,
furia esparcida muy vívida.

Flujos desesperantes que rápido se agotan,
actos que se repiten
para cumplir con la cuota.

Flujos que se adentran,
en mi cuerpo son la gesta,
que me hacen ser el monstruo
de todas las tinieblas.

Palpitares que se aceleran
en el abrazo mortal,
y en el respiro final
son silencio total.
En los flujos soy.

En los flujos revivo.
En los flujos quebranto.
En los flujos muero.

## Oscuro

Qué sabrá el hombre de lo oscuro
si nunca ha pasado una noche
entre la vida y la muerte,
estar ante la puerta y no poder cruzarla.

Qué sabrá el hombre
del hambre y el miedo
mientras huyes de la esclavitud,
ocultándote del mundo
por no ser ya parte de él,
con la libertad arrebatada
tratando de ser.

Qué sabrá el hombre del dolor en mi raza
de ser tan oscuro en esta piel,
tan odiado por la luz,
y llevar a cuesta la pena.

Qué sabrá el hombre de la muerte,
de sufrir por los que se
quedan quebrados de alma
y aquellos que ya no pueden existir
en nuestro mundo,
por haber caído en el deceso.

Por esa y otras razones,
hombre, no me quieras decir quién soy,
porque de mí sólo sabes mi color.
No me quieras descifrar,
porque en este complejo cuerpo
solo cabe ira, muerte viva.

# Vano

Esa noche,
aunque pasen mil derroches
en la embriaguez de mis sentidos,
jamás olvidaré sus rostros
fijamente mirando aterrados el mío.

El terror en sus pupilas,
sus desgarradoras súplicas,
entre el dolor y el miedo,
están grabadas en mi eterno duelo.

Jamás logro olvidar,
creo que es mi infinito castigo
por haberlas dejado ser parte de
mi maldito destino.

Me vieron dividido,
me gritaron piedad,

y yo que debí ser su guardián
fui la razón de que no puedan estar.

Me odio demasiado para ser salvado,
pero más odio ser este veneno
y tener que seguir luchando.
Siento que soy la historia en vano.

Vano sin la fuerza de sus risas.
Vano sin las caricias de mi hija.
Vano sin los besos de mi amada.
Y sigo en lo vano,
sin poder encontrar la muerte
que me lleve hasta ellas.

## Venganza

El día fue cruel conmigo:
me arrancó de la teta de mi madre,
me impuso cadenas,
se llevó a mi hermano,
y me dejó en el infierno
abrazando este odio intenso.

Devoró mi luz,
enamoró mis sentidos
y me entregó satisfecho a la noche.
Ya sin caminos,
huérfano sin destino,
busco paz en mi eterno desquite.

Tomo mi rencor y lo esparzo por mis venas.
Invoco la ira y aclamo la batalla.
Me regocijo en la matanza
de quienes invocaron mi rabia,
fui secuestrado para la noche,

ya no sé de días.
Reconozco el fuego entre la danza.
Fuego de la luz de esta vereda cargada,
llena de resentimiento
que solo tiene espacio
para sujetar mi violencia.

Declaro maldito este cuerpo mío,
el sombrío de esta alma podrida,
no habrá mejor néctar entre mis labios
que el sabor de la sangre
mezclada con mi venganza.

# Residente

Dentro de mí,
dentro de mí
un hombre acecha
espera el momento
de volver a sentir.

Fuera de sí,
fuera de sí
un monstruo revive,
se revela ante la sangre,
solo quiere vivir.

Dentro y fuera
ocupan un mismo
cuerpo.

# En sus brazos

En sus brazos soy
y solo en sus brazos existo,
no hay más en mi venganza.

Labriel

Nací en la oscuridad, en una de las castas más antigua, los "Leónidas". Soy de una raza que pertenece a la noche y que su legado es estar sobre el resto de nuestra especie. Me crié a oscuras del mundo en una prisión que llamaban "por tu seguridad". Siempre había escuchado del exterior y de las personas que habitan en el día y que para los míos son solo alimento. Leía sobre ellos, escuchaba a mi tío sobre lo fascinante del mundo afuera, anhelaba verlos, conocer su mundo y aunque solo fuera una vez, sentir la luz. Mi mundo cerrado y prohibido me consumía de maneras inimaginables. Todos me decían lo suertudo de ser de tan noble cuna, pero en realidad era como llevar a cuesta una maldición.

Esa fue mi verdad hasta que la conocí.

Me enamoré de una humana, algo que para mi familia es la traición más horrible que puedas imaginar. Fui desheredado y desterrado. En realidad, no me importó. Puedo vivir en las calles por ella, pero sin ella no puedo vivir en esa prisión.

Nos conocimos en un festival de un pueblo cercano a orillas del mar. Me escapé de la guardia que me vigilaba noche y día y seguí el armonioso sonido de violines y panderetas. En la mansión había aprendido a tocar el piano y el violonchelo, pero nunca había escuchado algo tan alegre como esa combinación de melodías de gente gritando y riendo que tenían cierto compás con la música, podía escuchar los corazones palpitando acelerados, flores de llamativos colores y luces que adornaban todo alrededor. Era como los bellos amaneceres pintados en mis libros. No sabía que podía haber tanto color en un mismo lugar.

En el castillo todo era gris y negro, incluso las vestimentas de los que nos visitaban eran de colores oscuros. El olor aquí era diferente, había una mescolanza entre flores y frutas con sudor y el olor típico del mar. Nunca había visto gente bailando tan desordenados y despreocupados. Entonces la vi, danzando alrededor del fuego. Su melena rubia le daba un aura de diosa. Sus pies descalzos tenían movimientos inesperados que eran libres como las olas.

Justo cuando quise acercarme, ella dejó de bailar y se fue a tomar de una botella. Estaba mirándola fijamente, cuando se dio cuenta y sentí el peso de su mirada analizándome completo. Me sonrió y se acercó. Sin intercambiar palabras, me tomó del brazo y me llevó junto a la fogata a bailar. Mis torpes pasos no le permitieron fluir como hace un momento y gentilmente me apartó de la pista.

No eres de por aquí, ¿cierto?" Dijo, bebiendo nuevamente de otra botella. "¿Qué me delató, mi mirada o mi falta de ritmo?" Dije, intentando que los nervios no me desarmaran frente a ella. "Nadie aquí sabe bailar. Yo diría que tu ropa". Bajé la mirada y ella me dio un golpecito con su dedo. Ambos nos reímos. La conversación continuó. Esa noche conectamos como una sola alma. Yo me enamoré de su libertad genuina, ella de mi ingenuidad aparentemente divertida. El amor creció entre nosotros y ella se volvió mi propósito. Mi familia se enteró y quisieron separarnos. Tuve que huir con ella para que no le hicieran daño.

Aún seguimos bailando a la luz de la luna en el vaivén de las olas profesándonos nuestro amor.

# Quiero libertad

Escuché las voces aún
desde mi mundo cerrado.
Quise salir y descubrir
por mí mismo el origen
de sus cantos.

El mundo es peligroso,
me lo dicen todo el tiempo,
pero mi corazón me dice
que eso no es del todo cierto.

Me ocultan del hombre
porque para los míos
no tienen razonamiento.
Me dicen que matan,
que destruyen todo aquello que
no se ajusta a sus cimientos,
pero cómo nos dañarían
si no saben que existimos.

No saben
que no somos lo más
oscuro de este mundo.

No saben
que lo siniestro de nosotros
es solo por miedo.

No saben
que la necesidad de la sangre
es solo eso.

Ya no resisto este encierro,
esta prisión segura
y es que no tengo dudas
de que los que cantan
y ríen abajo,
fuera de mis muros,
son solo seres
que cantan buscando
libertad como yo.

Quiero expresar
mis ansias de amar,
de ser más que algo

que hay que cuidar.
Tener una vida
que sea mía y poder
cantar y bailar
libre de esta sobriedad.

Necesito más,
esto no es vivir, es solo existir
y ya no puedo residir en el miedo
que me separa del mundo.
quiero más, eso es seguro.

# ¿Qué es ella?

¿Qué es ella?
Seguro más que una mortal,
pero no de los que son noche,
no de los que yo conozco.

¿Será ella una diosa
cuyos poderes son cautivarme,
llevarme al abismo de su hermosura?
¿Un ángel cuyas alas
no le fueron otorgadas,
con aura de luz pura?
En su presencia
mi alma se oxigena
con la más auténtica claridad.

¿Qué es ella?
Seguro un enigma
que no será descubierto
ni por el hombre más apto en las ciencias.

Ella es la más brillante interrogante,
y al mismo tiempo,
la respuesta que en la noche más oscura
se revela entera.

Ella estremece mis sentidos
y ya no sé si soy solo noche
o si me entrego completo a la luz.

¿Qué es ella?
¿Será una ninfa que inspira
estos versos o una
gitana que me cautiva
con su mirada y que
me esclaviza entre su danza?

¿Qué es ella?
¿La luz que me falta
o tal vez solo la conciencia magnífica
que no poseo?

Quizás la luna
que embellece la noche
y que me recuerda que
aún en las sombras

existe una luz.
Entonces sé, que, por su astro,
ya no puedo ser solo oscuridad
y el hambre que me sacude
ha perdido su gracia
aunque celosa me condene.

¿Qué es ella?
Sus labios son como
la rosa adornada en su intenso color
y que deslumbra en su suavidad.
Sé que no es su belleza
lo que me hipnotiza,
si no, sus palabras,
tan acertadas,
tan clavadas en la verdad
que no puedes hacer más que sentirlas,
cargarlas en tu alma.

Ella es toda espectacular sensibilidad
y me hace preguntarme
¿Será ella una bruja
que lee mis pensamientos
y me hechiza con sus palabras?
¿Scrá ella una sirena que

me lleva seductoramente
hacia mi perdición?

Qué importa,
no es necesario saber,
sea como sea
me tiene en sus manos,
me tiene con su estaca
bien clavado en su alma.

## El sol en tus ojos

Solo en tus ojos puedo ver la luz
que ilumina todos los amaneceres
y que en las horas más hermosas te visten.

Llenan tus pupilas de celeste brillante
y justo ahí descubro el azul del día.
Te venero, venero tu cálida mirada,
venero tus ojos rayos nacidos del sol,
venero el abrazo sentido
en todo mi cuerpo
que recibo al cruzarme con tus ojos.

Sé, en mi centro mismo
que en el iris de tu alma
no hay modo de que
el día pueda opacarte.

Al diablo el día que tanto he anhelado,
me quedo dormido

en el arrullo de tu mirada
allí seguro está mi madrugada
y bajo tu estela, luz mía, no temo a nada.

Te pido que sigas
calentando mi helado espíritu.
Se mi sol vestida de azul brillante
porque en tus pupilas
existe todo el cielo que quiero.
Tus ojos entibian mi alma.

## Solo para nosotros

Quien diga que el cielo
lo vistieron las estrellas
está equivocado,
el cielo lo vestiste tú
con el brillo de tu sonrisa.

Quien diga que el mar
lo pintó las olas en su vaivén
está equivocado,
el mar lo pintaste tú
con tus ojos de profundos océanos.

Quien diga que la primavera
fue hecha para las flores
está equivocado,
la primavera fue hecha solo para ti,
para adornar tu hermoso cabello
con flores de todos los colores.

Quien diga que la luna
a veces le sonríe a la tierra
está equivocado,
la luna sonríe solo para nosotros
cuando nos ve cogidos de la mano.

Mi amor,
el mundo fue hecho para nosotros.
Seamos mar, cielo o primavera.
Seamos sonrisa, ojos o caricias.
Seamos todo.
Porque juntos somos
lo que el hombre más mortal
envidia tener,
el hombre en su corta vida
jamás tendrá
tanto amor como el
que nos profesamos en una sola noche.

## A tu lado

En el vaivén de tu cuerpo,
danzando junto al fuego,
descubrí el palpitar
que encendió la chispa de los amantes.

En el ecosistema de tu aire
respiré por primera vez
y fuiste un soplo cálido
que desterró mi invierno.

En nuestro intercambio de palabras
recibí la brizna fresca
que necesitaba mis oxidadas filosofías
y me bautizaste poeta.

En el dulce toque de tus labios
desvaneciste mis tristezas,
reescribiste mis sinfonías

y ahora eres la musa
de todas mis melodías.

Cambiaste mi destino,
soy oleaje mecido a tu merced,
no importa a dónde vayas allí estaré,
a tu lado.

# La bella y la bestia

Ella, la flor en primavera
abriéndose ante la nueva estación,
tomando del cielo la luz
y bebiendo del rocío.
Es color, fragancia, virtud.

Yo, la brisa fría que aún persiste
del invierno que apenas huyó,
la oscuridad que vive
y se alimenta del dolor.
Soy tinieblas, frío, horror.

Ella, la belleza que calma
con su sonrisa una batalla.
Luz que resplandece en el alma,

ojos que, mirando fijos,
doman a la bestia.

Yo, la fealdad que escapa
cuando el hambre se libera
y que bebe del carmesí.
Soy el terror que atormenta
y que el grito anuncia.

Ella es vida y calidez,
razón para celebrar.
Alegría que desata algarabía,
y que en oscuridad
no puede ser mermada.

Yo soy muerte,
razón para alejarse,
en mi presencia solo existe miedo
que no puedo evitar.

Siendo ella luz y yo oscuridad,
juntos somos algo
que no se puede romper.

Una rosa que
entre pétalos y espinas
se inmortaliza.

Seliria

Mi padre era un irlandés de noble cuna. Tenía tierras por todas partes y mis hermanas y yo fuimos criadas para ser damas de sociedad. Yo era la hija del medio. Mis hermanas eran muy correctas, educadas e igual de aburridas que todo ese mundo. Los odiaba a todos. Sus perfectas maneras de ser, con sus estrictas reglas, sus etiquetas y sus correctas formas de vivir. Yo era la rebelde. Solo porque anhelaba ser libre de todo aquello, ir a donde quisiera, ser quien quisiera. Mi espíritu inquieto gritaba que ese no era mi lugar.

Una noche decidí abandonar a mi familia y ser quien debería ser sin esta esclavitud tan bien pintada. Subí un muro de la mansión y salí hacia el bosque. Cuando andaba por el sendero de los mercaderes, un oso me atacó brutalmente. Me dejó moribunda, apenas viva. Un hombre me rescató. Espantó al oso y me cargó en sus brazos. Me llevó a una pequeña cabaña en medio del bosque. Fui recuperándome y conociendo al hombre que me había estado cuidando. Con cada día que pasaba junto a él, más me percataba de cosas que no eran humanas en su persona y más me convencía de las historias sobre seres sobrenaturales que arrastraban a jóvenes a sus trampas y se alimentaban de ellas. Él no me había tocado y siempre fue muy amable y cortés, pero sus ojos revelaban algo oscuro.

En un momento dado anhelé lo que tenía. Si fuera como él, nada me dañaría. Lo seduje y le pedí que me convirtiera en lo que él era. De esa manera podría ser lo suficientemente fuerte para llegar a donde quisiera. Se negó rotundamente y me dijo que debía volver con mi padre, unos hombres andaban en mi búsqueda. Le expliqué por qué quería escapar y que necesitaba lo que él tenía. Me dijo que no entendía lo que estaba pidiendo. Yo le dije que sí lo sabía y lo amenacé con hacerme daño si él no lo hacía. Me ignoró. Tomé un cuchillo de un estante y me atravesé el pecho. El hombre me sacó el cuchillo, bebió de la herida y me dio a beber de su sangre. Sentí un dolor agudo sacudiéndome completa, él se alejó de mí y saliendo de la cabaña dijo: "No tienes idea de lo que has hecho."

Quedé inconsciente y al despertar, todo era diferente. La luz era más intensa, podía escuchar un arroyo que estaba a distancia, oler las flores de la rivera y al tacto, sentir cualquier minúscula partícula. Hasta mi piel me parecía extrañamente pálida, las terribles cicatrices que apenas sanaban del ataque del oso se desvanecieron por completo. El hombre volvió y me dijo que debía fingir mi muerte para que los hombres de mi padre dejaran de buscarme. Así lo hice.

La sangre nos vinculó de maneras insospechadas. Sabía que su amor era sincero, pero mi presencia en su espíritu cambió su humanidad. Fuimos egoístas y sanguinarios, muy diferentes de lo que éramos antes de toparnos.

Quiso presentarme a su familia, la realeza de su especie, le dije que no pertenecía a familias y lo abandoné. Puedo decir que aún le amo, pero no pude evitarlo, tuve miedo de regresar de lo que tanto me costó salir.

# Colmillos

Delicados, sutiles…
Encuentran su primera víctima
de la noche.

Mi nariz ocupada en inhalar
da permiso a mis manos
a tocar aquel joven cuerpo,
lleno de vida,
acalorado por sus venas clandestinas.

Con un delicado toque
de mi lengua siento
el irresistible sabor de aquella piel,
supurante de belleza,
abismándome en aquel tejido,
hundiendo con pasión mis orgullos,

buscando desesperada
el secreto de sus sonrojadas mejillas
y arrebatárselo en mis rabias de ironía.

# Sangre por sangre

Sangre por sangre,
compartimos una noche tiempo atrás,
y al vivirlo,
mis días fueron desterrados
confinada a la oscuridad.
Sobrellevo la inmortalidad
cargando mi débil humanidad.
No te puedo culpar
yo te lo arrebaté sin más.

Aunque puedo recalcar
que esta soledad la he amado
cual imperiosa libertad.
Pero es una cruel mentira
que me aleja de todo lo demás.
Me ha alcanzado en un rincón vacío
de piel pálida y helada.

No me la otorgaste
yo la escogí sobre ti
y te regalé la ausencia de mí,
no te puedo culpar
mi miedo jugó a víctima
y me hizo mentir.

Soy meras tinieblas,
la sangre en mí envenena
y solo en sangre puedo existir,
siento el frío a mi alrededor
y muy en mi interior.
Quisiera sacarlo de mi corazón,
pero es lo que a flote me mantiene
y no te puedo culpar,
la egoísta en mí te arrebató la humanidad
y te hizo en mí tu dolor lanzar.

Tengo sed todo el tiempo,
algo que solo en muerte controlo,
sé que cuando te negaste a darme tu don
tratabas de protegerme,
ahora solo escucho gritos en mi mente,

mis manos están manchadas
y la locura llama a mis puertas internas,
quieren vestirme de refrenada muerte
sé que no te puedo culpar,
yo me lancé a tu mundo
sin nada que amortiguara la caída.

Estoy rota, y no sé cómo volver
a ser la luz que te arrebaté,
la aurora en tus recuerdos
de esta sangre por sangre.

# Dama Muerte

Silenciosa, presente,
caminas a nuestra sombra.
Calmada, misteriosa,
nos haces vibrar.
Fría, rápida,
nos envuelves en tu manto.

Conoces el fin
y revives con cada
aliento de tu veneno
brotando como gusanos
sobre aquella piel
pálida y sin vida.

Sabes cómo celebra la oscuridad
y sonríes en el silencio
donde nadie escucha.

Eres lo que muchos temen,
sabes cómo calar el alma
de todos los mortales,
siempre fría,
siempre calculada,
siempre mi mejor carta.

# Noche

Veo a través de los ojos
de la oscura noche
la siniestra, la voluble, la hermosa…

Siento su vibrar
bajo cada reflejo de su luna,
me aturden las estrellas
al danzarme suyas.

Siempre fui de la noche,
aun antes de que
me vistieran con su manto.
El cielo movido a oscuras,
es un imán que me captura
y en mi vestido, piel humana,
me sacaba de mi mundo prohibido
que odiaba con pasión arraigada.

Le sonrío al frío en sus sombras,
tan vivos como el palpitar
de la sangre pecaminosa
que busca mi dulce boca.

No sé si yo escogí a la noche
o si dentro de mis ruegos
ella me escogió a mí.
Solo sé que a veces soy libre
otras solo soy.

Aun así,
guardaré por siempre su misterio,
que es también el mío.
Sus secretos me pertenecen,
siempre seré lo tenebroso en sus ojos.

Mis rezos siempre fueron a la misma,
ese astro diosa que
los mortales llaman luna.

# Amada niebla

Clamo en la noche
por tu silenciosa presencia,
te vuelves el escenario perfecto
de fechorías tan llenas de delicias
y es que tú,
la avivas en el ciego sendero
del pobre diablo
que no llegará a casa a comer.

Se quedará en la incógnita
de tu pantalla de humo,
mientras mi cuerpo sediento de esas venas
saciará sus deseos.

Agradeceré que opaques el camino
para encubrir este acto tan dramático,
tan lleno de misterio,

tan elegante,
místico imperio.

Y es que sirves tan bien,
ocultas lo que el mortal
jamás entenderá
y verá con repugnancia
lo que yo veo con placer.

Sigue siendo mi anhelado
manto de confidencias
porque la noche sola no basta
con tanta luz artificial.

Haz lo que en tu forma más hermosa
logra que seas mi perfecto amante
en mi juego de cazadora y presa,
que seas siempre el telón bajado
de la muerte entre mis manos.

Donde soy libertad en toda tu gracia.

# Sangre en tu boca

Cuánto me encantaba
lamer la sangre que corría
de tus labios
y luego besarte profundo.
Cuánto me encantaba.

Era la obra más hermosa,
jugar al marqués y la marquesa,
escoger al azar alguien
que nos sirviera de plato,
dulce néctar entre fiestas
llenas de magnificencia.

Qué recuerdos aquellos…
la sangre cubriendo nuestros cuerpos,
ignorando a las víctimas
en nuestro juego.

Tu sonrisa llena de sangre,
cuánto amaba tu rostro
en esos instantes;
tus ojos brillando
inyectados del rojo.

Me hacías querer tomarte
besarte, tocarte,
hacerte el amor,
poseerte sin medidas,
morderte...
Cuánto me encantaba.

Ahora solo recuerdo
y siento un gran vacío,
solo hay rojo,
nada que me haga disfrutarlo
como la sangre en tu boca.

# Natalie Ann

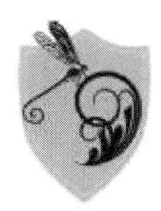

No pertenezco al mundo que aquí se muestra. Un mundo en el que se vive en oscuridad siempre. Yo me considero un ser lleno de niebla, pero cuando esta se despeja en mí, soy capaz de estar a la luz como cualquier humano. Me gusta escribir, allí saco a la luz mis tinieblas y puedo ser libre y sé que estos seres que me buscaron en secreto para ya no ser secreto también están sacudiendo sus tinieblas porque se cansaron de la oscuridad que los perturba.

En este libro me considero como un vehículo para enseñar una realidad distinta a la que estamos acostumbrados. Cada uno de los participantes en esta recopilación tienen sus propias razones para compartir sus poemas aquí. Pero la principal es que sienten que todo a su alrededor cambia demasiado rápido y necesitan aferrarse a sus historias, y qué mejor manera de preservarlas que a través de un libro que trascienda el tiempo.

Para mí ha sido un placer ayudarlos que es también una gran excusa para revelar la parte humana en ellos y crear un vínculo entre lo existencial y lo fantástico de sus vidas inmortales.

Espero que disfruten cada historia, cada poema y que puedan ser parte del mundo que aquí les muestro.

# Contenido

## Zerel

El recuerdo .................................................. 15
El recuerdo II ............................................... 17
Batallas internas en tres estrofas ............ 20
Condenado ................................................... 23
No puedo hacer nada ............................... 26

## Alistar

En mis brazos ............................................. 35
Mi juguete ................................................... 37
Sangre .......................................................... 39
Retorcer ....................................................... 40
Te acuerdas ................................................ 42

## Litio

Flujos ............................................................ 51
Oscuro ......................................................... 53
Vano ............................................................. 55
Venganza ..................................................... 57

Residente ................................................. 59
En sus brazos ............................................ 60

## *Labriel*

Quiero libertad ......................................... 67
¿Qué es ella? ............................................. 70
El sol en tus ojos ....................................... 74
Solo para nosotros .................................... 76
A tu lado .................................................. 78
La bella y la bestia .................................... 80

## *Seliria*

Colmillos ................................................. 89
Sangre por sangre ..................................... 91
Dama Muerte .......................................... 94
Noche ...................................................... 96
Amada niebla ........................................... 98
Sangre en tu boca ................................... 100

Made in the USA
Middletown, DE
13 October 2023